Nouveau
PROCÉDÉ
POUR REPRÉSENTER PAR DES POINTS
LA FORME MÊME DES LETTRES

LES CARTES DE GÉOGRAPHIE

LES FIGURES DE GÉOMÉTRIE

LES CARACTÈRES DE MUSIQUE, ETC.

À L'USAGE DES AVEUGLES

PAR LOUIS BRAILLE

RÉPÉTITEUR À L'INSTITUTION ROYALE DE JEUNES AVEUGLES DE PARIS

*

PARIS

SE VEND À L'INSTITUTION ROYALE

RUE SAINT VICTOR, 68

1839

SUIVI D'UNE NOTICE BIOGRAPHIQUE SUR L. BRAILLE

PAR M. COLTAT, PROFESSEUR

Copyright © 2016 Nielrow Editions

All rights reserved.

ISBN : 978-2-9559619-0-2

LOUIS BRAILLE

BROCHURE DE 1839

Faire écrire les aveugles, leur faire surmonter cet obstacle qui restreint si sensiblement leurs rapports sociaux, c'est une entreprise tentée par tous ceux qui se sont occupés de leur éducation ; c'est un sujet qui aurait dû être proposé pour prix par les diverses sociétés de perfectionnement ; c'est un problème à la solution duquel on trouvera peut-être que j'ai contribué.

On voit quelquefois des aveugles écrivant à l'aide d'appareils plus ou moins compliqués ; mais ce ne sont que d'honorables exceptions qui attestent la puissance de l'adresse unie à l'intelligence, sans constituer un mode fixe général et facile pour écrire. De plus, ces aveugles privilégiés ne peuvent lire leur écriture, ni même être certains que leur crayon ou leur papier noir ait suffisamment marqué : considérations fécondes en conséquences défavorables, et écueils que je me suis proposé d'éviter, par un procédé au succès duquel a vivement contribué M. Fournier, digne élève et zélé collaborateur de Valentin Haüy, le fondateur des premiers établissements pour l'éducation des aveugles, en France et en Russie.

Marquer sur le papier des points qui représentent la forme des lettres et fassent reliefs, voilà tout le but de ce nouveau mode d'écriture. M.Barbier a imaginé de représenter les sons et les articulations par des agrégations de points reposant sur des combinaisons fort ingénieuses ; il a permis ensuite que je modifiasse son procédé, en réduisant le nombre de points de chaque agrégation, ce qui fournit une nouvelle écriture très-répandue aujourd'hui parmi les aveugles : "Mais, disait-on, ce ne sont là que des conventions, et les initiés seuls peuvent lire les pages écrites suivant ces deux méthodes." Quoique ces objections ne soient pas réelles, puisque quelques lignes d'explication suffisent pour faire connaître à fond ces deux enseignements, elles ont été néanmoins la cause de nouvelles recherches qui m'ont conduit à un procédé dont voici l'explication :

Pour faire la forme des lettres, j'ai observé que, donnant quatre points au corps de chaque caractère, il faut trois points pour la queue supérieure et autant pour l'inférieure, ce qui produit pour la hauteur entière de la lettre une hauteur verticale de dix points, marqués ou non marqués, suivant que la figure du caractère l'exige ou ne l'exige pas. On peut aussi ne donner que trois points de hauteur au corps de la lettre et deux seulement à chaque queue, ce qui fournit une écriture plus fine, mais moins régulière que l'autre. Chaque lettre est donc formée d'une suite de verticales : le b, par exemple, est représenté par quatre lignes ; dans la première sont marqués le 1e, le 2e, le 3e, le 4e, le 5e et le 6e point ; dans la seconde, le 4e et le 7e ; dans la troisième, le 4e et le 7e ;

dans la quatrième, le 5e et le 6e.

On analyserait de la même manière les autres lettres et les formes les plus irrégulières que l'on puisse supposer ; par extension même, les cartes de géographie, les figures de géométrie, et tout le système musical.

La lettre majuscule M, si remarquable par ses dimensions, est formée de douze verticales, composées chacune de points dont la position est marquée par les chiffres suivants :

1e ligne 1,7

2e ligne 1,2,3,4,5,6,7

3e ligne 2,3,7

4e ligne 3,4

5e ligne 4,5

6e ligne 6,7

7e ligne 5

8e ligne 4

9e ligne 3,7

10e ligne 1,2,3,4,5,6,7

11e ligne 1,2,3,4,5,6,7

12e ligne 1,7

Pour écrire, on a des planches en bois ou en métal, sur lesquelles sont tracées des portées formées chacune de dix raies concaves et horizontales ; on applique sur chaque portée une espèce de grillage dont les jours ont assez de hauteur pour laisser apercevoir les dix raies, et assez de largeur pour que l'on puisse faire deux points de front dans chaque ligne ; on place le papier entre la planche et le grillage, et à l'aide d'une simple pointe on fait les lettres, en marquant à cet effet, les points indiqués par le tableau chiffré de la forme des lettres, ou par l'esprit individuel, en observant 1° qu'il faut écrire les lettres de droite à gauche, 2° renverser chaque lettre afin que la première ligne à gauche, en lisant, soit la première à droite en écrivant. On facilite cette manière d'écrire en appliquant sur le grillage une ou plusieurs traverses extrêmement fines, pour mieux faire connaître la position des queues et du corps de la lettre. Je ferai observer que l'on obtiendra du même coup plusieurs copies de ce qu'on écrit, en plaçant l'une sur l'autre autant de feuilles que l'on veut d'exemplaires et en marquant les points sur le tout.

On peut remplacer la planche rayée par une planche recouverte d'un cuir, d'un molleton ou de tout autre objet produisant un léger foulage ; le grillage peut être une toile métallique, une plaque percée à l'emporte-pièce, ou une réunion de fils métalliques croisés à angles droits et soudés l'un sur l'autre.

Pour ce qui précède, on sait que tout aveugle, possédant le petit appareil décrit ci-dessus et le tableau chiffré peut, sans maître et en quelques jours seulement, apprendre à écrire, lors même qu'il serait dépourvu d'adresse et d'intelligence remarquables.

NOUVEAU PROCÉDÉ

L'Institution des Jeunes Aveugles de Paris vient de faire fondre des types représentant une verticale de dix points sensibles ou non sensibles ; plusieurs de ces caractères, combinés entre eux, donnent la forme de la lettre sur de grandes dimensions ; ce qui permet à l'aveugle d'analyser facilement chaque lettre et de la reproduire sur le papier à l'aide de son écritoire. On imprime, avec les types, des alphabets, que l'on joint au tableau chiffré, afin que chaque personne puisse apprendre à former la lettre, soit par l'inspection qu'elle en fait, soit par la connaissance des chiffres représentant les points à marquer.

L'appareil pour mettre en relief les figures de géométrie et les cartes de géographie, etc. , consiste dans un châssis sur lequel repose une règle mobile ; sur cette règle sont tracées des raies verticales larges d'une demi-ligne et éloignées l'une de l'autre de la même quantité. On applique cet appareil sur la carte que l'on veut reproduire, et l'on place la règle en haut du châssis ; on examine quelles sont les limites territoriales, les montagnes, les rivières, etc. , qui aboutissent aux raies de la règle, et l'on écrit sur un cahier les chiffres indicateurs de ces raies.

On descend ensuite la règle d'une demi-ligne, on fait le même examen que précédemment, et l'on continue de la même manière jusqu'à ce que la carte soit entièrement chiffrée.

On reproduit la carte en marquant sur le papier des points, dont la place est indiquée par le catalogue chiffré ; la règle mobile ou les grillages, expliqués ci-dessus, guideront pour trouver la position des points.

Pour écrire la musique, il faut :

1° Avoir une planche recouverte d'un cuir, le tout surmonté d'un châssis ;

2° Marquer sur le cuir des portées formées, chacune, de onze raies parallèles et concaves ; les raies doivent être assez éloignées l'une de l'autre pour que l'on puisse placer quatre points entre deux adjacentes ;

3° Mettre le papier entre le cuir et le châssis, et lui donner l'empreinte des raies du cuir, ayant soin d'interrompre la continuité des trois premières et des trois dernières raies de chaque portée : ces raies feront la fonction des petites lignes usitées dans la musique ordinaire, et seront suffisamment distinguées des cinq raies continues qui représentent les grandes lignes ;

4° Placer sur chaque portée un grillage dans les jours duquel on puisse marquer les points représentant la forme des caractères de musique, pour lesquels on peut avoir également un catalogue chiffré.

M. Binet, élève distingué sorti de l'Institution de Paris, a imaginé conjointement avec moi, il y a plusieurs années, un procédé d'écriture plus simple encore que le précédent, mais moins avantageux dans ses résultats. Pour écrire suivant ce système, il faut 1° avoir une planche sur laquelle est appliqué un cuir ; 2° recouvrir la planche d'un cadre auquel sont fixées des traverses horizontales assez écartées pour recevoir l'oeil de la lettre qu'on y doit marquer ; 3° posséder un petit casier renfermant deux lettres de chaque espèce, lesquelles doivent être en métal, et pourraient, avec avantage, être formées par des suites de points.

Pour écrire au moyen de cet appareil, on prend l'une après l'autre, dans le casier, les lettres dont on a besoin ; on les appuie sur le papier qui se trouve entre la planche et le cadre, ayant soin de reporter à mesure, dans le casier, les lettres dont on s'est servi. Quoique ce mode d'écriture soit imparfait dans la pratique, je l'ai indiqué, parce qu'il sera peut-être préféré par les clairvoyants qui, sans exercice préparatoire, voudront écrire aux aveugles et être lus par eux ; cependant je suis persuadé que ces derniers emploieront l'autre méthode avec plus de succès.

On a fait plusieurs tentatives plus ou moins heureuses, pour rendre noire notre nouvelle écriture : on peut, par exemple, placer sous la feuille sur laquelle on veut écrire, un papier noirci suivant les procédé usités dans le commerce ; mais la feuille blanche, touchant la noire par choc et non par frottement, n'est que faiblement colorée par celle-ci. L'Art et l'expérience feront, sans doute, connaître, un jour, une composition chimique qui fera disparaître ces inconvénients.

***

TABLEAU CHIFFRÉ

DE LA

FORME DES LETTRES

a.   5 6 | 4 7 | 4 7 | 3 4 5 6 | 7.

b.   1 2 3 4 5 6 | 4 7 | 4 7 | 5 6.

c.   5 6 | 4 7 | 4 7.

d.   5 6 | 1 4 7 | 1 4 7 | 2 3 4 5 6.

e.   5 6 | 4 5 7 | 4 5 7.

f.   9 | 10 | 2 3 4 5 6 7 8 9 | 1 4 | 2.

g. 5 6 | 4 7 10 | 4 7 10 | 3 4 5 6 7 8 9.

h. 1 2 3 4 5 6 7 | 4 | 4 5 6 7 | 7.

i. 2 4 5 6 7 | 7.

j. 9 | 10 | 2 4 5 6 7 8 9.

k. 1 2 3 4 5 6 7 | 5 6 | 4 7.

l. 1 2 3 4 5 6 7 | 7.

m. 4 5 6 7 | 4 | 4 5 6 7 | 4 | 4 5 6 7 | 7.

n. 4 5 6 7 | 4 | 4 5 6 7 | 7.

o. 5 6 | 4 7 | 4 7 | 5 6.

p. 3 4 5 6 7 8 9 10 | 4 7 | 4 7 | 5 6.

q. 5 6 | 4 7 | 4 7 | 3 4 5 6 7 8 9 10.

r. 4 5 6 7 | 4 | 4.

s. 6 | 7 | 4 5 6 | 3.

t. 2 3 4 5 6 7 | 4 7.

u. 4 5 6 7 | 7 | 4 5 6 7 | 7.

v. 4 5 | 6 7 | 6 | 4 5.

w. 4 5 | 6 7 | 6 | 4 5 | 6 7 | 6 | 4 5.

x. 4 7 | 4 7 | 5 6 | 4 7 | 4 7.

y. 4 | 4 5 6 7 10 | 7 10 | 4 5 6 7 8 9.

z. 4 7 | 4 6 7 | 4 5 7 | 4 7.

ç. 5 6 | 4 7 10 | 4 7 9.

NOUVEAU PROCÉDÉ

ae.   5 6 | 4 7 | 4 7 | 3 4 5 6 | 4 5 7 | 4 5 7.

oe.   5 6 | 4 7 | 4 7 | 5 6 | 4 5 7 | 4 5 7.

é.   5 6 | 2 4 5 7 | 1 4 5 7.

à.   5 6 | 1 4 7 | 2 4 7 | 4 5 6 | 7.

è.   5 6 | 1 4 5 7 | 2 4 5 7.

ì.   1 | 2 4 5 6 7 | 7.

ò.   5 6 | 1 4 7 | 2 4 7 | 5 6.

ù.   4 5 6 7 | 1 7 | 2 4 5 6 7 | 7.

â.   5 6 | 2 4 7 | 1 4 7 | 2 4 5 6 | 7.

ê.   2 5 6 | 1 4 5 7 | 2 4 5 7.

î.   2 | 1 4 5 6 7 | 2 7.

ô.   5 6 | 2 4 7 | 1 4 7 | 2 5 6.

û.   2 4 5 6 7 | 1 7 | 2 4 5 6 7 | 7.

ë.   5 6 | 2 4 5 7 | 2 4 5 7.

ï.   2 4 5 6 7 | 2 7.

ü.   4 5 6 7 | 2 7 | 2 4 5 6 7 | 7.

A.   7 | 6 7 | 5 7 | 4 5 | 3 5 | 2 5 7 | 1 2 3 4 5 6 7 | 1 2 3 4 5 6 7 | 7.

B.   1 7 | 1 2 3 4 5 6 7 | 1 2 3 4 5 6 7 | 1 4 7 | 1 4 7 | 1 2 3 4 5 6 7 | 2 3 5 6.

C.   3 4 5 | 2 3 4 5 6 | 1 7 | 1 7 | 1 7 | 2 6.

D.   1 7 | 1 2 3 4 5 6 7 | 1 2 3 4 2 6 7 (sic) | 1 7 | 1 7 | 2 3 4 5 6 | 3 4 5.

LOUIS BRAILLE

E. 1 7 | 1 2 3 4 5 6 7 | 1 2 3 4 5 6 7 | 1 4 7 | 1 3 4 5 7 | 1 7 | 1 2 6 7.

F. 1 7 | 1 2 3 4 5 6 7 | 1 2 3 4 5 6 7 | 1 4 7 | 1 3 4 5 | 1 | 1 2.

G. 3 4 5 | 2 3 4 5 6 | 1 7 | 1 5 7 | 1 5 6 7 | 2 5 6 | 5. .

H. 1 7 | 1 2 3 4 5 6 7 | 1 2 3 4 5 6 7 | 1 4 7 | 4 | 1 4 7 | 1 2 3 4 5 6 7 | 1 2 3 4 5 6 7 | 1 7.

I. 1 7 | 1 2 3 4 5 6 7 | 1 2 3 4 5 6 | 1 7.

J. 6 7 | 1 7 | 1 2 3 4 5 6 7 | 1 2 3 4 5 6 | 1.

K. 1 7 | 1 2 3 4 5 6 7 | 1 2 3 4 5 6 7 | 1 4 7 | 3 5 | 1 2 6 7 | 1 7.

L. 1 7 | 1 2 3 4 5 6 7 | 1 2 3 4 5 6 7 | 1 7 | 7 | 7 | 6 7.

M. 1 7 | 1 2 3 4 5 6 7 | 2 3 7 | 3 4 | 4 5 | 6 7 | 5 | 4 | 3 7 | 1 2 3 4 5 6 7 | 1 2 3 4 5 6 7 | 1 7.

N. 1 7 | 1 2 3 4 5 6 7 | 1 2 7 | 2 3 | 3 4 | 4 5 | 5 6 | 1 6 7 | 1 2 3 4 5 6 7 | 4.

O. 3 4 5 | 2 3 4 5 6 | 1 7 | 1 7 | 1 7 | 2 3 4 5 6 | 3 4 5.

P. 1 7 | 1 2 3 4 5 6 7 | 1 2 3 4 5 6 7 | 1 4 7 | 1 4 | 1 2 3 4 | 2 3.

Q. 3 4 5 | 2 3 4 5 6 | 1 7 | 1 7 8 | 1 7 9 | 2 3 4 5 6 10 | 3 4 5.

R. 1 7 | 1 2 3 4 5 6 7 | 1 2 3 4 5 6 7 | 1 4 7 | 1 4 | 1 2 3 4 5 6 | 2 3 5 6 7 | 7.

S. 6 | 7 | 7 | 2 3 4 5 6 7 | 1 2 3 4 5 6 | 1 | 1 | 2.

T. 1 2 | 1 | 1 7 | 1 2 3 4 5 6 7 | 1 2 3 4 5 6 7 | 1 7 | 1 | 1 2.

U. 1 | 1 2 3 4 5 6 | 1 2 3 4 5 6 7 | 1 7 | 7 | 1 7 | 1 2 3 4 5 6 | 1.

V. 1 | 1 2 3 4 5 6 7 | 1 2 3 4 5 6 7 | 1 6 | 5 | 4 | 1 3 | 1 2 | 1.

W. 1 | 1 2 3 4 5 6 7 | 1 2 3 4 5 6 7 | 1 6 | 5 | 4 | 1 3 | 1 2 3 4 5 6 7 |

NOUVEAU PROCÉDÉ

1 2 3 4 5 6 7 | 1 6 | 5 | 4 | 1 3 | 1 2 | 1.

X.   1 7 | 1 2 6 7 | 1 2 3 5 7 | 1 3 4 | 4 5 7 | 1 2 5 6 7 | 1 2 6 7 | 1 7.

Y.   1 | 1 2 | 1 2 3 7 | 1 3 4 5 6 7 | 4 5 6 7 | 1 3 7 | 1 2 | 1.

Z.   1 2 6 7 | 1 5 6 7 | 1 4 5 7 | 1 3 4 7 | 1 2 3 7 | 1 2 6 7.

Ç.   3 4 5 | 2 3 4 5 6 | 1 7 10 | 1 7 9 | 1 7 | 2 6.

AE.   7 | 6 7 | 5 7 | 4 5 | 3 5 | 2 5 7 | 1 2 3 4 5 6 7 | 1 2 3 4 5 6 7 | 1 4 7 | 1 3 4 5 7 | 1 7 | 1 2 6 7.

OE.   3 4 5 | 2 3 4 5 6 | 1 7 | 1 7 | 1 7 | 2 6 | 1 2 3 4 5 6 7 | 1 2 3 4 5 6 7 | 1 4 7 | 1 3 4 5 7 | 1 7 | 1 2 6 7.

CHIFFRES

1.   3 7 | 3 4 5 6 7 | 3 7.

2.   3 7 | 2 6 7 | 2 5 7 | 3 4 7.

3.   2 6 | 1 7 | 1 4 7 | 2 3 5 6.

4.   6 | 5 6 | 4 6 | 3 6 | 2 4 5 6 7 | 1 6.

5.   3 4 6 | 2 4 7 | 1 4 7 | 1 5 6.

6.   4 5 6 | 3 7 | 2 4 7 | 1 5 6.

7.   1 0 | 9 | 4 8 | 4 7 | 4 6 | 4 5 | 4.

8.   2 3 5 6 | 1 4 7 | 1 4 7 | 2 3 5 6.

9.	5 6 10	4 7 9	4 8	5 6 7.
0.	5 6	4 7	4 7	5 6.

PONCTUATION ET AUTRES SIGNES

.	7.
:	5 7.
,	8	7
;	8	5 7.
?	1 3 4 5 7	2.
!	1 2 3 4 5 7.
-	6	6	6.
'	2	9.
(	4 5 6 7	3 8	2 9	1 10.
)	1 10	2 9	3 8	4 5 6 7.
*	3 5	4	1 4 7	2 3 4 5 6	1 4 7	4	3 5.
«	5 6	4 5 6 7	4 7.
»	4 7	4 5 6 7	5 6.

NOUVEAU PROCÉDÉ

***

IMPRIMERIE DE MADAME HUZARD (NÉE VALLAT LA CHAPELLE)

Rue de l'Eperon, n° 7

***

NOTICE BIOGRAPHIQUE SUR L. BRAILLE

PAR

M. COLTAT, PROFESSEUR

NOTICE BIOGRAPHIQUE

La vie de l'homme de bien s'écoule comme un ruisseau limpide qui porte incessamment vers l'Océan le tribut de ses eaux, et qui souvent se cache sous l'herbe : elle est belle à contempler pour le témoin oculaire ; mais n'est-il pas à craindre que le tableau historique n'en soit trop peu coloré ? L'histoire des rois bons et pacifiques offre moins d'attrait à l'imagination que celles des conquérants ! La biographie de M. Braille se bornera donc à un aperçu des services qu'il a rendus, et au tableau de ses qualités morales et de ses vertus domestiques. On y verra un homme qui, loin de s'affliger de la cécité, sut se mettre au-dessus d'elle et même la faire contribuer à la faible part de bonheur que Dieu accorde à l'homme sur la terre, en vue, sans doute, de l'empêcher d'oublier les cieux.

A un autre que nous, à celui qui fut le compagnon de ses premières études, et pendant trente-deux ans son fidèle ami, revenait le privilége de raconter ses actions et ses vertus ; mais dès longtemps M. Gauthier préméditait un autre hommage à offrir à son ami. A nous par conséquent, l'un des élèves de M. Braille, à nous qui avons eu aussi l'honneur de partager avec lui les douceurs de l'amitié, à nous revenait le précieux avantage de parler d'un ami absent ; car qu'est-ce que la mort pour deux amis, sinon une absence momentanée ; et celui qui survit n'est-il pas un voyageur attardé sur la route du temps à l'éternité ?

Louis BRAILLE naquit le 4 janvier 1809, à Coupvray, arrondissement de Meaux. Ses parents exerçaient l'état de bourreliers; ils étaient déjà avancés en âge lors de sa naissance. Comme le dernier né de Jacob, le petit Louis fut l'enfant de prédilection, et le 4 janvier fut regardé comme un jour de bonheur. Son père aimait à se le représenter comme la consolation, l'appui, le compagnon de sa vieillesse. Cette dernière espérance, seule, ne devait pas être réalisée. Dieu avait résolu de placer le jeune Braille dans une autre famille, plus nombreuse, et où il avait plus de bien à faire.

Un jour (c'était à l'âge de trois ans), assis à côté de son père, qui travaillait et contemplait avec amour son petit

Benjamin, l'enfant voulut aussi travailler et imiter les mouvements qu'il voyait faire ; l'une de ses petites mains saisit une lanière de cuir et l'autre une serpette, et le voilà à l'ouvrage. La faiblesse rencontre facilement des obstacles ; il s'en présente un : l'instrument tranchant s'échappe obliquement, et va frapper l'œil du pauvre ouvrier !

C'en est fait, ses destinées sont changées tout entières ! Il prend en quelque sorte naissance pour une nouvelle vie ! Des ténèbres de l'ignorance, de l'indifférence profonde et funeste qui sont trop souvent le triste apanage des habitants de la campagne, il va passer dans la vie active et intellectuelle, au sein des lumières de la grande cité ; son âme s'y embrasera du feu de la science et des vertus sociales, morales et religieuses ; il se vouera au bonheur de la classe intéressante dans laquelle il va entrer. Ô cécité, es-tu donc un malheur quand tu produis de tels résultats. Un œil avait été atteint par l'instrument tranchant; mais, comme il arrive souvent, l'inflammation gagna le second, et la cécité devient bientôt complète, malgré les efforts de la médecine pour arrêter les progrès du mal.

Le père, désolé, voulut donner un contre-poids à sa douleur, en procurant à son cher fils une éducation appropriée à son nouvel état ; il sollicita son admission à l'Institution des Aveugles.

La nomination fut prononcée le 15 janvier 1819, et, le 15 février suivant, l'institution reçut dans son sein l'enfant de dix ans qui devait devenir une de ses bienfaisantes lumières.

Bientôt il se lia avec un autre jeune enfant qui devait être l'émule des plus grands maîtres dans l'art musical, et donner par son génie un nouvel élan à la musique parmi les aveugles : alors commença une inaltérable amitié entre Braille et Gauthier.

Un air intelligent, une figure qu'illuminait assez souvent un agréable sourire, mais que jamais ne troublait une folle gaîté, tout dans la physionomie du jeune Braille faisait pressentir les plus heureuses dispositions, et annonçait les plus aimables qualités. Aussi réussit-il dans toutes les études scientifiques et musicales auxquelles il fut appliqué.

Comme tous ses condisciples, il apprit à lire au moyen des caractères en relief imaginés par Valentin Haüy, l'illustre inventeur des méthodes pour l'enseignement des aveugles, dont la mémoire est restée si chère parmi nous.

Par l'activité de son intelligence, Braille fut bientôt au courant des éléments de grammaire, de géographie, de calcul, etc.

De bonne heure, on lui fit donner des leçons de violoncelle et de piano ; c'est surtout pour ce dernier instrument qu'il montra un facilité remarquable.

Le jeune Braille marchait très vite dans la voie du progrès : des classes élémentaires, il passa bientôt aux classes plus élevées; tous les ans, le nom de Louis Braille retentissait avec éclat parmi ceux des lauréats des différentes distributions des prix.

Dans les derniers temps de son séjour à l'Institution à titre d'élève, Louis Braille se livra à l'étude de l'orgue, et acquit bientôt assez de talent pour qu'on pût lui confier successivement des buffets dans différentes paroisses de Paris. Son exécution était précise, brillante et dégagée, et représentait assez bien l'allure de toute sa personne.

Cependant Louis Braille était arrivé à l'âge d'homme ; ses études fondamentales étaient terminées avec son temps scolaire ; le moment était venu où l'institution allait recueillir les fruits dont les germes avaient été semés dans sa jeune intelligence. Il fut nommé professeur au commencement de l'année classique 1827-28. Il commença sa nouvelle carrière par les classes de grammaire, de géographie et d'arithmétique. Plus tard, il enseigna l'histoire, la géométrie et l'algèbre. La flexibilité et la lucidité de son esprit se prêtaient aussi facilement au développement des règles du langage qu'au laconisme de l'argumentation mathématique ; et ce n'est pas seulement dans les sciences que Braille fut un habile professeur, il forma aussi des élèves de piano fort distingués. Il s'acquittait de ses fonctions avec tant de charme et de sagacité que, pour ses élèves, le devoir d'assister à la classe était transformé en un véritable plaisir. Chez eux, l'émulation n'avait pas seulement pour but de s'égaler ou de se surpasser les uns les autres, elle devenait encore une touchante et continuelle attention à se rendre agréables à un professeur qu'ils affectionnaient comme un supérieur estimable et comme un ami sage et éclairé, fertile en bons conseils.

L. Braille ne se borna pas à l'enseignement oral ; il composa plusieurs traités dans lesquels il ne montre pas moins d'habileté que dans ses leçons. Il fit, entre autres, un traité d'arithmétique imprimé en relief, qui est un chef-d'œuvre de clarté et de concision : « Nos procédés d'écriture et d'impression, disait-il, occupent beaucoup de place sur le papier ; il faut « donc resserrer la pensée dans le moins possible de mots. »

Cette qualité était passée en habitude chez lui, et pouvait même donner un peu de sécheresse à son style quand il traitait d'autres matières que la science ; on eût dit qu'à l'imitation du satirique latin, dans ses écrits, Braille *Affectait d'enfermer moins de mots que de sens.*

La même concision se trouve dans les divers précis d'histoire qu'il fit pour ses élèves.

Dès l'origine de sa carrière de professeur, L. Braille fut secondé dans son enseignement par la découverte de l'écriture en points saillants, admirable invention dont il s'était déjà occupé pendant qu'il était encore élève, et qui a fait faire un si grand pas à l'instruction parmi les aveugles. Ses journées étant employées par l'étude, c'était la nuit qu'il consacrait à faire ces combinaisons de points qui devaient remplacer le procédé de Barbier, et devenir un système orthographique ou sténographique, suivant la volonté de l'écrivain. Dans son village pendant les vacances, comme à l'Institution pendant l'année classique, jamais il ne perdit de vue son travail ; jamais il ne déroba un instant au développement ou à la pratique de son nouveau procédé d'écriture et de lecture.

La simplicité de ce système le met à la portée des plus faibles intelligences, et, grâce à cette invention, les aveugles peuvent désormais prendre des notes dans leurs classes, faire leurs devoirs d'orthographe et de composition littéraire, copier, sous la dictée d'un clairvoyant, des ouvrages ou des fragments utiles à leurs études ; correspondre, soit entre eux soit avec des clairvoyants, pourvu toutefois que ceux-ci aient été préalablement initiés à leurs procédés ; recueillir leurs sentiments, leurs pensées, leurs impressions ; rendre le papier dépositaire des secrets de leur âme, ineffable confidence connue de Dieu seul, où le cœur humain trouve souvent tant de charmes et de consolations ! Si l'on n'était retenu par le souvenir de la modestie qui caractérisait l'auteur de cette heureuse découverte, ne pourrait-on pas le proclamer le Jean Guttemberg (sic) des aveugles ?

Le langage parlé avait son expression, mais la langue musicale n'avait pas la sienne encore ; et, alors comme à présent, la musique était une des branches principales de l'enseignement dans l'Institution. Les désirs de L. Braille n'étaient donc pas satisfaits : il chercha bientôt à appliquer son système d'écriture en points saillants à la notation musicale. Il était doué d'une grande patience dans ses essais; son esprit, essentiellement méthodique, se livrait facilement à la décomposition et à la recomposition d'un tout. A l'aide de cette double lumière que fournissent l'analyse et la synthèse, s'appuyant aussi sur les tentatives faites avant lui dans l'Institution, faisant usage d'une disposition particulière de son esprit, qui était de poursuivre le moins pour arriver au plus par degrés imperceptibles mais réels, il eut d'abord pour but la notation du plain-chant, puis celle de petits airs très simples. De là, il arriva peu à peu jusqu'à l'écriture de la musique de piano et des partitions les plus compliquées. Six points diversement combinés avaient produit toutes ces merveilles(1), tant il est vrai que le génie, sublime émanation de l'esprit divin, pour créer les plus grandes choses n'a besoin que des plus petits éléments !

L'écriture et la lecture des paroles et de la musique sont désormais des faits acquis pour les aveugles ; ils écrivent et lisent avec la même facilité. Cependant il y avait encore un pas à faire : le procédé était conventionnel ; dans le plus grand nombre des cas, les aveugles étaient obligés d'avoir recours à une main étrangère pour établir des relations écrites avec les clairvoyants. Tous en avaient senti l'inconvénient : à L. Braille encore était donné de le faire disparaître.

Il fallait une écriture en même temps facile à pratiquer pour l'aveugle et à déchiffrer pour le clairvoyant. Plusieurs essais avaient été faits à l'aide de la plume et du crayon ; aucun n'avait réussi. La cécité a besoin d'un régulateur sans solution de continuité, afin de se rendre compte et de l'étendue et de la distance. M. Braille adopta pour régulateur un grillage à jours très fins, avec lequel il pût déterminer exactement la séparation à mettre entre les différents signes alphabétiques et la grandeur que doit avoir chacun de ces signes. Pour rendre invariables les dimensions des lettres, il imagina de dresser un tableau indiquant le nombre de points exigés par la forme d'une lettre, et aussi les positions successives que doivent prendre ces points pour représenter les différentes parties de sa figure. L'invention était faite, L. Braille en a consigné les détails dans une notice qu'il fit imprimer en 1839(2). Un de ses intimes amis, M. Foucault, comprit toute l'étendue du service qu'elle devait rendre aux aveugles. Il appliqua l'aptitude spéciale de son esprit pour la mécanique à la découverte d'une machine qui permit de supprimer la grille régulatrice, cause nécessaire de lenteur(3).

Cette machine fit faire un tel pas à l'invention que Louis Braille lui-même, sacrifiant son titre d'inventeur unique, se plaisait à appeler cette manière d'écrire le procédé Braille-Foucault.

Grâce donc à MM. Braille et Foucault, les aveugles peuvent maintenant, comme les voyants, entretenir des communications avec toute personne absente, pourvu qu'elle sache lire ; les secrets de leur esprit et de leur cœur ne sont plus exposés à être dévoilés par la légèreté d'un secrétaire.

La mécanique à écrire de M. Foucault fit jaillir une étincelle qui était restée ensevelie sous la cendre. Jusqu'alors, nul n'avait encore osé penser qu'il fût possible à un aveugle de tracer sur le papier la musique si compliquée des clairvoyants.

L. Braille le tenta. Dans cette circonstance encore, il employa la méthode qui lui était propre : il envisagea d'abord le but modeste d'écrire la musique de manière à ce que, dans l'absence de l'écrivain aveugle, elle pût être mise au net par un copiste clairvoyant initié d'avance à quelques conventions qu'il croyait nécessaires. D'après ce principe, il fit exécuter successivement plusieurs machines, qui allaient toujours se perfectionnant ; il en fit construire une dernière, qu'il expérimenta durant le dérangement de santé avant-coureur de sa dernière maladie.

A la grande satisfaction de ses amis, il obtint des résultats qui dépassaient de beaucoup ceux qu'il s'était proposés dans l'origine de ses essais. Espérons que d'autres viendront apporter à cette dernière mécanique les améliorations que L. Braille n'aurait pas manqué d'y apporter lui-même s'il eût vécu(4). Ainsi, un procédé très simple pour lire et écrire, à l'usage des aveugles ; le même procédé appliqué à la musique dans toutes ses parties ; une écriture très lisible pour les clairvoyants ; un moyen offert aux compositeurs aveugles de rendre leur musique écrite intelligible aux musiciens doués de la vue, telles sont les magnifiques dotations de L. Braille à la grande famille des aveugles ; tels sont ses titres à la gloire! Voilà ce qui le fera toujours compter au nombre des hommes qui ont le plus travaillé à briser les entraves de la cécité.

Comme on le voit, L. Braille faisait toujours marcher de pair deux sortes de travaux : d'abord les devoirs de l'enseignement, puis les recherches qu'exigeaient ses compositions ou ses inventions.

Dès l'âge de vingt-six ans, L. Braille vit sa santé s'affaiblir; et alors on fut obligé de diminuer sa besogne active et de lui confier de modestes classes, qui n'exigeaient que très peu de frais de paroles et nulle préparation. Il n'en continua pas moins à consacrer ses moments de loisir aux nouvelles combinaisons que lui suggérait son génie inventif; mais il aimait surtout à se livrer à ces entretiens affectueux où ses amis trouvaient tant de charmes.

L'amitié chez lui était un devoir consciencieux en même temps qu'un tendre sentiment. Il lui aurait tout sacrifié, son temps, sa santé, sa fortune. Il en donna plus d'un exemple. Ainsi un de ses meilleurs élèves venait de quitter l'Institution et n'était pas suffisamment pourvu de moyens d'existence ; Braille, organiste d'une paroisse de Paris, n'hésita pas à se désister de sa place en faveur de son élève.

Il voulait que son amitié profitât à ceux qui en étaient l'objet ; elle le rendait vigilant sur leur conduite et lui inspirait souvent de fermes et lumineux conseils. Lorsqu'il y avait un avis important, mais pénible, à adresser à un ami commun, si d'autres montraient de l'hésitation ou de la répugnance à s'acquitter de cette mission difficile, « Allons ! je me sacrifierai, » disait-il en souriant. Il remplissait si fréquemment cette fonction délicate, que l'expression lui était devenue familière, et que ses amis prenaient plaisir à le surnommer *le Censeur*.

Cet esprit observateur ne se laissait pas même entrevoir dans la conversation, où L. Braille s'appliquait avec le plus grand soin à ne rien laisser échapper de désagréable pour qui que ce fût. Il savait l'entretenir d'une manière intéressante et variée. On a dit que Labruyère (sic) s'était affranchi d'une des plus grandes difficultés du style, les transitions : L. Braille, par nature, en possédait le talent, et en faisait encore une étude permanente. Aussi, ses causeries passaient-elles insensiblement de la gaîté au sérieux, et du ton gracieux au ton sévère.

Quoiqu'il fût doué d'un esprit très positif, il ne s'en laissait pas moins aller à la plaisanterie de bonne société ; il faisait de temps en temps briller des traits d'esprit charmants, et même se permettait quelquefois d'aiguiser une pointe délicate. Quelques-unes de ses expressions faisaient fortune parmi ses amis, et bientôt passaient de bouche en bouche, avec l'autorité et les honneurs du proverbe.

Ses paroles et le ton de sa voix portaient un cachet de finesse dont l'empreinte se reproduisait sur sa physionomie, où il était difficile de démêler ses pensées et ses impressions, attendu qu'il savait les comprimer dans son intérieur par l'énergie de son caractère et de sa volonté. Les choses qu'il avait résolues, il les accomplissait avec la même conscience, qu'elles lui fussent agréables ou désagréables ; il lui suffisait qu'elles fussent utiles. S'il a quelquefois desiré des honneurs qui, à coup sûr, étaient bien dus à son mérite et à ses travaux, ce n'était pas dans un intérêt personnel qu'il les souhaitait, mais parce qu'il les eût réclamés pour tout autre, et que l'éclat devait en rejaillir sur le corps des professeurs de l'Institution, auquel il se faisait gloire d'appartenir. Son maintien était mesuré d'après les règles de la plus stricte convenance. Il avait une attention continuelle à n'y rien laisser percer qui fût propre à le faire remarquer ; il détestait également la bizarrerie, et l'originalité affectée dans le caractère. Son originalité, à lui, c'était de ne paraître pas original.

Sa taille était restée d'une médiocre grandeur, fluette, assez élancée, et élégamment découplée ; sa tête se portait légèrement en avant ; ses cheveux blonds bouclaient naturellement; il avait des manières faciles et dégagées ; ses traits étaient réguliers. Il avait conservé le sourire de sa jeunesse, que les travaux, la maladie, la mort même n'avaient pu lui faire perdre. Son teint pâle annonçait une santé débile. Il avait de la vivacité dans ses mouvements, et sa démarche était assurée, pleine de dextérité.

La singulière justesse de son esprit, la rectitude de sa raison, la pénétration de son intelligence, lui faisaient prévoir l'enchaînement et les conséquences des événements ; en sorte que, parmi les personnes qui le connaissaient particulièrement, il y en avait peu qui ne le prissent pour conseiller, et ne se trouvassent très bien de la direction que leur avait fait prendre sa prudence. Aussi ne manqua-t-il pas d'être admis dans les conseils des différentes sociétés qui ont été formées en faveur des aveugles, et il y apporta toujours un concours zélé et éclairé.

L. Braille ne se borna pas à l'heureuse influence de ses paroles, il y joignit l'action et le dévouement. Il aimait à rendre service et à soulager les malheureux. Lorsqu'il faisait du bien, il agissait avec tant de simplicité et de délicatesse qu'il dérobait, pour ainsi dire, la main du bienfaiteur aux regards de celui qui recevait le bienfait. Il savait qu'il ne suffit pas de donner, mais qu'il faut le faire avec cet esprit de charité chrétienne qui respecte la dignité de l'âme humaine dans la personne du pauvre. La foi solide et vive dont il était animé lui suggérait cette noblesse de sentiments ; et la religion, qu'il avait toujours cultivée avec autant d'assiduité que de conviction, lui faisait envisager, sinon sans émotion, du moins sans effroi, les approches de la mort. Depuis l'année 1835 environ, le mauvais état de sa poitrine se manifesta plusieurs fois par des crachements de sang ; mais les précautions qu'il prenait, la parfaite régularité de sa vie et son extrême sobriété semblaient avoir fortifié son tempérament durant ses dernières années, à tel point qu'il se plaisait quelquefois à se bercer dans de gracieux projets d'avenir. Mais dans la nuit du 4 au 5 décembre 1851, après un rhume peut-être un peu trop négligé, il vit se déclarer une hémorragie réelle et abondante : c'était le coup formidable, qui ne devait pas lui permettre de se relever.

Le même accident se reproduisit à diverses reprises, dans les jours suivants, avec une intensité effrayante pour les personnes qui entouraient le malade. L. Braille conservait un calme profond ; néanmoins il sentit lui-même que sa vie était en danger : il demanda par précaution les secours spirituels, et reçut les sacrements avec une piété aussi respectueuse qu'édifiante. Le lendemain de cette touchante et solennelle cérémonie, le malade adressa les paroles suivantes à l'ami à qui il était donné de le visiter le plus souvent, et qui les conserva dans son cœur comme un précieux trésor : «Le jour d'hier est un des plus beaux et des plus grands de ma vie. Quand on a passé par « là, on comprend toute la puissance et la majesté de la reli« gion. Mais, ô mystère insondable du cœur humain ! je suis convaincu que ma mission est finie sur la terre ; j'ai goûté hier les suprêmes délices ; Dieu a daigné faire briller à mes yeux les splendeurs des éternelles espérances. Après tout cela, ne semble-t-il pas que plus rien ne doit être capable de m'attacher à la terre ? Eh bien, je demandais à Dieu, il est vrai, de me retirer du monde. mais je sentais que je ne le demandais pas fort.»

Dix jours plus tard, la fête de Noël arriva : le pieux malade voulut la célébrer sur son lit de douleur, et recevoir de nouveau le Dieu qui donne la patience et la résignation. Pour maintenir son âme dans une douce méditation, il priait son ami de lui suggérer quelques bonnes pensées, tirées surtout des circonstances du temps et de l'état de maladie dans lesquels ils se trouvait. Il fallait que ces pensées fussent courtes et substantielles ; car il n'aimait pas plus la prolixité dans le langage de la piété que dans le langage ordinaire. En mettant ordre à ses intérêts spirituels, il ne négligeait pas ses affaires temporelles : il fit venir le notaire et dicta avec précaution ses dispositions testamentaires, où il fit briller une générosité dont le secret fut connu de Dieu seul et de ceux qui en étaient l'objet. Celui de ses collègues qui avait le plus de communications avec lui pendant le cours de cette dernière maladie, écrivait de temps en temps sous sa dictée la note des bonnes œuvres et des souvenirs d'amitié qu'il voulait laisser après lui.

Ses bonnes œuvres avaient surtout pour but les aveugles, les pauvres, la propagation de la foi. Ainsi L. Braille disposait tout pour sa mort avec le même sang-froid qu'on met à faire les préparatifs d'un simple voyage. Lorsqu'on cherchait à l'encourager par l'espoir de la guérison, « Vous savez, disait-il avec simplicité, que je ne me paye pas de cette monnaie-là ; il n'est pas nécessaire de dissimuler avec moi. »

Cependant, par une illusion assez ordinaire au genre de maladie dont il était frappé, quelques jours avant sa mort, il paraissait avoir plus de confiance dans le rétablissement de sa santé, comme si la Providence, par égard pour la faiblesse humaine, voulait, dans ces grandes circonstances, voiler l'aspect de la mort pour en diminuer l'horreur.

Le 6 janvier 1852 devait être son jour suprême. Le matin, il demanda qu'on lui rappelât le sens symbolique de l'or, de l'encens et de la myrrhe dont, à pareil jour, les rois mages avaient fait présent à celui dont ils avaient vu briller l'étoile en Orient. Vers le milieu de la journée, sentant sa fin prochaine, il voulut se fortifier pour le redoutable passage, et reçut le saint viatique avec une tendre piété. Avant et après la cérémonie sainte, ses amis et son frère venaient l'entourer et l'embrasser pour la dernière fois. Il donnait à chacun les marques les plus touchantes d'affection ; et lorsqu'il cessa de pouvoir parler, il faisait avec les lèvres des mouvements de tendresse qui en disaient plus au cœur que toutes les paroles ; tous les spectateurs étaient émus jusqu'aux larmes. L'agonie commença vers quatre heures du soir, et à sept heures et demie L. Braille remit sa belle âme entre les mains de Dieu.

Ainsi mourut, à l'âge de quarante-trois ans, ce professeur distingué dont la vie tout entière s'était écoulée dans le dévouement, le calme, les douceurs de l'amitié, la pratique du bien.

La chambre où il avait expiré fut transformée en une espèce de sanctuaire dans lequel élèves et amis venaient prier et pleurer sur les restes d'un maître, d'un ami chéri et vénéré. Pour adoucir les rigueurs de la séparation et prolonger en quelque manière son séjour parmi eux, ses amis firent faire son portrait, dont un art merveilleux multiplia les exemplaires au gré de l'amitié.

M. Dufau, directeur de l'Institution depuis douze ans, avait eu le temps d'apprécier le mérite de celui qui excitait tant de regrets ; il fit faire le moulage en plâtre du défunt tandis qu'il était encore sur son lit de mort, prévenant par cette bienveillante mesure le noble élan de ses élèves, en donnant, à leur insu, au projet de souscription, une base qui en rendait l'exécution plus sûre et plus facile.

Le service funèbre de Louis Braille fut célébré dans la chapelle de l'Institution ; mais sa famille désira emporter sa dépouille mortelle, afin de la faire reposer dans le cimetière de son village, auprès de celles de son père et de sa sœur. Son âme, du haut des cieux, nous aimons à le penser, sourit à la beauté du sentiment qui inspira les honneurs qu'on lui rend aujourd'hui ; et, par d'ardentes prières, elle fait descendre sur cette Institution qu'elle a tant aimée les bénédictions de Dieu, qui seront pour cet établissement la source de toutes prospérités.

(1853).

(1) L. Braille a fait imprimer en relief, en 1829 et en 1837, le résultat de ses recherches sous le titre de Procédés pour écrire, au moyen de points, les paroles, la musique et le plain-chant.

(2) Nouveau procédé pour représenter par des points la forme même des lettres, les cartes géographiques, les figures de géométrie, les caractères de musique, etc. à l'usage des aveugles.

(3) Cette mécanique accroît incomparablement la célérité de l'opération et la régularité des caractères, et offre la possibilité d'une écriture blanche ou colorée, suivant qu'on fait ou non usage de papier à décalquer.

(4) Cette machine permet de tracer régulièrement les clefs, la portée, les petites lignes supplémentaires, les notes, les paroles qui peuvent accompagner la musique, etc,

Dépôt légal 1er trimestre 2017

Tous droits réservés ; Éditions Nielrow Dijon

www.ingramcontent.com/pod-product-compliance
Lightning Source LLC
Chambersburg PA
CBHW061310040426
42444CB00010B/2575